La historia de Perséfone

Escrito por Joan Anderson

Ilustrado por Ross Watton

Dominie Press, Inc.

Director General: Raymond Yuen
Editor Ejecutivo: Carlos A. Byfield
Diseñador: Greg DiGenti
Ilustrador: Ross Watton

Publicado por:

🍎 **Dominie Press, Inc.**

1949 Kellogg Avenue
Carlsbad, California 92008 EE.UU.

www.dominie.com

1-800-232-4570

Cubierta de cartón ISBN 0-7685-2841-0
Impreso en Singapur por PH Productions Pte Ltd
1 2 3 4 5 6 PH 05 04 03

Contenido

Capítulo 1

Deméter, diosa
de la agricultura

Hace mucho tiempo, cuando la diosa
Deméter se encargaba de todas las cosas
que crecían en la Tierra, no había invierno.
El sol brillaba y el aire era cálido y
refrescante. La lluvia caía en chaparrones
para refrescar la Tierra y hacerla brillar

con miles de gotas resplandecientes.

Deméter pasaba sus días caminando entre las frutas, las flores y los cultivos de los campos. Ella les decía a las aves dónde había enjambres de insectos en los campos de granos, y les decía a las abejas dónde había polen listo para su miel.

Deméter tenía una hija hermosa llamada Perséfone, a quien adoraba sobre todas las cosas. Cuando le sucedió algo terrible a Perséfone, Deméter hizo sufrir a la Tierra.

Capítulo 2
La captura de Perséfone

Un día, cuando Deméter estaba trabajando en un maizal lejano, Perséfone salió a buscar bayas. En la orilla del bosque vio una flor hermosa, blanca y esbelta, y atravesó la pradera corriendo para recogerla. De repente, el suelo se

abrió delante de ella.

De un salto salieron cuatro caballos halando a Hades, señor del otro mundo, en su carroza de oro. Hades capturó a Perséfone en la pradera y se metió otra vez a la tierra con sus caballos.

Perséfone lloró al cerrarse la tierra sobre su cabeza. Lloró mientras los caballos negros galopaban por una avenida de árboles oscuros. Y lloró cuando la carroza de oro cruzó el río y se detuvo en las puertas de un palacio.

"¡Estáte quieta!", dijo Hades, y la bajó de la carroza. Hades estaba feliz de estar otra vez en la oscuridad del otro mundo, donde la luz no era muy brillante para sus ojos.

"¡Estáte quieta, Perséfone!", dijo firmemente. "Tu padre, Zeus, dijo que podía casarme contigo. Éste es tu hogar ahora".

Perséfone miró el río que habían cruzado atrás, el que se veía oscuro y denso en las puertas del palacio. No se veían reflejos ni ondulaciones de luz. Perséfone sintió que se le partía el corazón.

"¡Necesito luz solar!", gritó ella.

Capítulo 3
El reino de los muertos

"**V**en conmigo", dijo Hades, y haló a Perséfone hasta su palacio. El aire del palacio estaba frío. Espíritus pálidos entraban y salían de las pesadas paredes de piedra, susurrando entre ellos al pasar.

Perséfone se puso a temblar.

No deseaba conocer los secretos del

otro mundo.

"Esto es tuyo", dijo Hades, y llevó a Perséfone a un trono cubierto de piedras preciosas.

"Éstas son tuyas", dijo Hades, y colocó una corona de oro sobre la cabeza de Perséfone y una cadena de plata alrededor de su cuello.

Perséfone las desechó. "¡Yo no debo estar aquí! ¡Estas cosas no son mías!", lloró.

Hades le ofreció la granada más dulce y madura que jamás había visto. "Esto es tuyo", dijo él.

Perséfone estaba muy hambrienta, pero no la aceptó. "Todos estos regalos son tuyos, cuando decidas aceptarlos", dijo Hades.

Capítulo 4

En la orilla de la Tierra

Mientras tanto, en la superficie, el sonido de los últimos sollozos de Perséfone resonaba desde las montañas hasta el mar. Deméter sufría terriblemente. Vestida de capa y capucha oscuras, ella buscó por toda la Tierra durante nueve días y nueve noches.

No se detuvo ni a comer ni a descansar, y se la pasaba llamando a Perséfone.

La luna se hacía cada vez más delgada hasta que en la orilla de la Tierra, desapareció del todo. Aquí, en el décimo día de sus viajes, Deméter encontró a Hécate, diosa de la luna oscura, sola en su cueva.

"Sí. Escuché los gritos de Perséfone",
le dijo Hécate a Deméter. "Pero no la
vi. Ven, le preguntaremos al dios Helios,
que mueve el Sol por el cielo. Él la habrá
visto".

Cuando se le acercaron a Helios, él les
contó lo que le había pasado a Perséfone.

"Hades se la llevó para el otro mundo",
dijo él. "Zeus le dio permiso". El
sufrimiento de Deméter se transformó en
una furia terrible.

Fue a ver a Zeus furiosa. "Devuélvame
a mi hija", exigió, "¡o la Tierra sufrirá!".

Pero Zeus se negó.

Capítulo 5

El primer invierno

Los cultivos murieron. Cayó la nieve,
y carámbanos colgaban de los árboles
desnudos. La personas comenzaron a
morir de hambre.

"¡Devuelva a Perséfone!", le rogaban
a Zeus, y lloraron al recordar las flores

brillantes, la fruta madura y el pan fresco.

Al fin, Zeus ya no lo soportaba.

"Perséfone tiene que regresar con su madre", le dijo a Hades.

Ahora le correspondía llorar a Hades. Aunque él pertenecía al otro mundo, estaba enamorado de Perséfone. Anhelaba el tipo de amor que sólo se encontraba bajo la luz del sol, en la superficie de la Tierra.

Perséfone salió como disparada del suelo alegremente a los brazos de su madre.

"¿Comiste algo?", le preguntó ansiosamente Deméter.

"Sólo unas semillas de granada", dijo Perséfone.

Deméter meneó la cabeza tristemente. Sabía que la persona que comía frutas del otro mundo, estaba condenada a pasar la eternidad ahí.

"Puedes pasar dos terceras partes del

año conmigo", le dijo a Perséfone. "Pero debes pasar una tercera parte en el otro mundo con Hades".

Así que por dos tercios del año, la nieve y el hielo se deshacían en la corriente de los ríos y en los arroyos relucientes. Crecían los cultivos, las frutas maduraban y las flores florecían bajo el calor del sol. Pero cuando Perséfone regresó al otro mundo, el invierno llegaba otra vez a la Tierra. Las hojas se marchitaban y las flores morían. Deméter lamentaba la ausencia de su hija hasta que llegaba otra vez la primavera.